GUÍA DE LA RANITA PARA QUERERTE MÁS CADA DÍA

MAYBELL EEQUAY

REM*life*

THE LITTLE FROG'S GUIDE TO SELF-CARE
GUÍA DE LA RANITA PARA QUERERTE MÁS CADA DÍA

Loreto 13-15, Local B. 08029 Barcelona – España
revertemanagement.com

Fecha de publicación: abril 2025

3ª impresión: septiembre 2025

Edición en papel
ISBN: 978-84-10121-29-4

Edición en ebook
ISBN: 978-84-291-9875-1 (PDF)

Editores: Ariela Rodríguez / Ramón Reverté
Coordinación editorial y maquetación: Patricia Reverté
Traducción: Genís Monrabà Bueno
Revisión de textos: Mariló Caballer Gil

Impreso en España – Printed in Spain
Depósito legal: B 5428-2025
Impresión y encuadernación: Liberdúplex
Barcelona – España

135

PARA MAMÁ Y JUJU.

GRACIAS POR RECONFORTARME EN
LOS MOMENTOS MÁS DIFÍCILES Y POR
AYUDARME SIEMPRE A BUSCAR UNA SOLUCIÓN.
VUESTRO AMOR Y VUESTRAS LECCIONES ESTÁN
EN MI CORAZÓN, SON MI FUENTE DE INSPIRACIÓN.

Y PARA MI PEQUEÑO DRUE.

ESTA RANITA NO EXISTIRÍA SIN TI.
TE QUIERO. TE QUIERO. TE QUIERO.

AUTOCUIDADO EN LOS MOMENTOS DIFÍCILES

SI LAS TAREAS DEL HOGAR O DE TU CUIDADO PERSONAL SE TE HACEN MUY PESADAS, INTENTA HACERLAS A MEDIAS.

A VECES, CUANDO ESTAMOS PASANDO POR UNA SITUACIÓN DIFÍCIL, ALGO TAN SENCILLO COMO HACER LA CAMA PUEDE PARECERTE UN AUTÉNTICO DESAFÍO.

PARA REDUCIR UN POCO LA PRESIÓN Y, AL MISMO TIEMPO, SENTIRTE ALGO MÁS REALIZADA, PRUEBA CON ALISAR LAS SÁBANAS, EN LUGAR DE HACER LA CAMA PERFECTAMENTE.

SI TIENES LA CASA PATAS ARRIBA Y TE SIENTES DESBORDADA, EMPIEZA POR UNA TAREA SIMPLE. PUEDES LIMPIAR UNA HABITACIÓN O HACER ALGO MÁS SENCILLO, COMO RECOGER LA MESA. ESOS PEQUEÑOS LOGROS SIEMPRE SUMAN. ASÍ QUE, CUANDO TU SALUD MENTAL NO ESTÉ PASANDO POR SU MEJOR MOMENTO, INTENTA CENTRARTE EN UN PEQUEÑO OBJETIVO QUE TE AYUDE A MEJORAR TU ESTADO DE ÁNIMO.

SI SE TE ACUMULAN LOS PLATOS SUCIOS Y NO TIENES ENERGÍA PARA LIMPIARLOS, DÉJALOS EN REMOJO CON JABÓN HASTA QUE TENGAS MÁS TIEMPO O GANAS. DESPUÉS, TE RESULTARÁ MUCHO MÁS FÁCIL LIMPIARLOS.

SI TE SIENTES SOLA, ESCRIBE UNA CARTA A ALGUIEN QUE HAYA SIDO IMPORTANTE EN TU VIDA. PUEDE SER UN FAMILIAR, UN AMIGO, UN ANTIGUO PROFESOR, UN COMPAÑERO DE TRABAJO O UN SER AMADO QUE YA NO SE ENCUENTRE ENTRE NOSOTROS (NO TIENES POR QUÉ MANDÁRSELA, PERO, SI TE APETECE, HAZLO).

TOMARTE UN TIEMPO PARA SENTARTE Y PENSAR EN ALGÚN SER QUERIDO ES UNA SENCILLA MANERA DE APORTAR DULZURA Y BIENESTAR A TU DÍA.

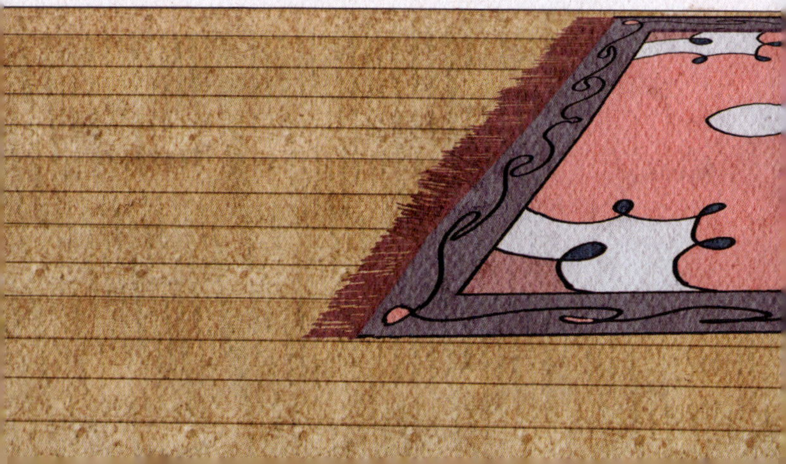

SI QUIERES QUE TU DÍA SEA ALGO MÁS ESPECIAL, RECOGE UNAS CUANTAS FLORES Y ARRÉGLALAS EN UN JARRÓN, O PREPÁRATE UN BAÑO CALIENTE Y ESPARCE ALGUNOS PÉTALOS EN EL AGUA.

SI QUIERES CREAR
UNA RELACIÓN MÁS
SANA CON TU CUERPO,
INTENTA APRECIARLO
TAL COMO SE MERECE.

VALORA AQUELLAS
PARTES DE TU CUERPO
QUE MÁS UTILIZAS O
AQUELLAS QUE JUZGAS
CON MÁS SEVERIDAD.

TAMBIÉN PUEDES DARTE
UN ABRACITO.

SI QUIERES CREAR UNA
RELACIÓN MÁS SANA CON
TU MENTE, EMPIEZA POR
MODELAR TU VOZ INTERIOR.

ES POSIBLE QUE
AL PRINCIPIO TE SIENTAS
RARA O FALSA, PERO
CON EL TIEMPO NOTARÁS
UN CAMBIO EN CÓMO
TE TRATAS A TI MISMA
Y EN CÓMO PERMITES QUE
TE TRATEN LOS DEMÁS.

Estás genial.
Viniendo de ti, eso significa mucho.

SI TE RESULTA IMPOSIBLE SER AMABLE CONTIGO, INTENTA TRATAR CON AMOR Y COMPRENSIÓN A UNA VERSIÓN MÁS JOVEN DE TI MISMA.

A VECES, ES MÁS FÁCIL MIRAR CON CARIÑO A TU «YO PEQUEÑA» QUE SENTIR ESA MISMA TERNURA POR TU «YO ACTUAL».

SI QUIERES PROFUNDIZAR UN POCO MÁS, ESCRIBE UNA CARTA DE AMOR A ESA VERSIÓN DE TI MISMA QUE PASÓ POR MOMENTOS DIFÍCILES.

IMAGINA QUE ESA VERSIÓN DE TI MISMA PUDIERA LEERLA. ¿QUÉ TE GUSTARÍA DECIRLE? ESTA PUEDE SER UNA PODEROSA FORMA DE VOLVER A CONECTAR CONTIGO.

Querida yo
con 12 años:
¡Te quiero y siento
muchísimo que
las ranas
de la escuela
te trataran mal!
No te lo merecías.
¡Ojalá pudiera
abrazarte!
Te quiero,
Yo mayor

¡TIEMPO PARA MÍ!

SI TE CUESTA PONERTE EN PRIMER LUGAR,
INTENTA RESERVAR AL MENOS
CINCO MINUTOS AL DÍA
PARA CREAR DELIBERADAMENTE
UN «TIEMPO PARA MÍ».

INCLUSO PUEDES APROVECHAR
MOMENTOS QUE YA FORMEN PARTE DE
TU DÍA A DÍA, COMO TOMARTE UN CAFÉ,
TU ASEO PERSONAL, LEER UNAS PÁGINAS
DE UN LIBRO O, SIMPLEMENTE,
SENTARTE AL AIRE LIBRE.

GANAS PUNTOS EXTRA
SI LO HACES SIN EL MÓVIL.

DIEZ FRASES PARA RECORDARTE LA MAGIA QUE HAY EN TI

SI ESTÁS CONSTRUYENDO UNA RELACIÓN MÁS SANA CONTIGO MISMA Y ESTÁS MODELANDO TU VOZ INTERIOR, ESTAS FRASES SON UN EXCELENTE PUNTO DE PARTIDA.

SOY MUY VALIENTE
POR EL HECHO
DE EXISTIR.

VOY A SER
MÁS AMABLE
CONMIGO.

MIS SUEÑOS
VALEN TANTO
COMO LOS
DE CUALQUIER
PERSONA.

MI CUERPO
TRABAJA
MUCHO
PARA MÍ.

LA MAGIA SIEMPRE
APARECE CUANDO
ESTOY LISTA
PARA VERLA.

ME MEREZCO
UNAS RELACIONES
SANAS Y SEGURAS.

TENGO DERECHO A
EXPERIMENTAR MIS
PROPIAS EMOCIONES,
Y TAMBIÉN PUEDO
DESPRENDERME
DE ELLAS CUANDO
LLEGA EL MOMENTO
OPORTUNO.

VOY A SER
AMABLE
CONMIGO MISMA.

MIS TRAUMAS
NO ME HACEN
MENOS ADORABLE.

VOY A TRATARME
COMO SI FUERA
MI MEJOR AMIGA.

PERMÍTETE
Y ANÍMATE
A ENCONTRAR
«MAGIA» EN
EL MUNDO
QUE TE RODEA

EN ESTE COMPLEJO MUNDO,
ES FÁCIL OLVIDARSE DE
ESAS PEQUEÑAS COSAS QUE
HACEN QUE LA VIDA EN LA
TIERRA SEA TAN ESPECIAL.

CONSTANTEMENTE SUCEDEN
PEQUEÑOS MILAGROS Y,
SI SACAS PROVECHO DE
ELLOS, PUEDEN CAMBIAR
TU FORMA DE MIRAR
EL MUNDO QUE TE RODEA.

¿ALGUNA VEZ TE HAS PARADO A OBSERVAR TRANQUILAMENTE UN JARDÍN?

CUANTO MÁS LO MIRAS, MÁS VIDA EMPIEZAS A VER. MUNDOS DIMINUTOS Y COMPLEJOS COMIENZAN A REVELARSE, Y DE PRONTO ESE JARDÍN PARECE ESTAR MUCHO MÁS VIVO QUE ANTES.

¡Oh, vaya, no me
había dado cuenta
de que alguien
vivía aquí!.

¡Hola!

CUANDO OBSERVAS
CON ATENCIÓN
Y CURIOSIDAD,
LAS COSAS SENCILLAS
EMPIEZAN A PARECER
EXTRAORDINARIAS.

Es increíble que
existan las piñas.

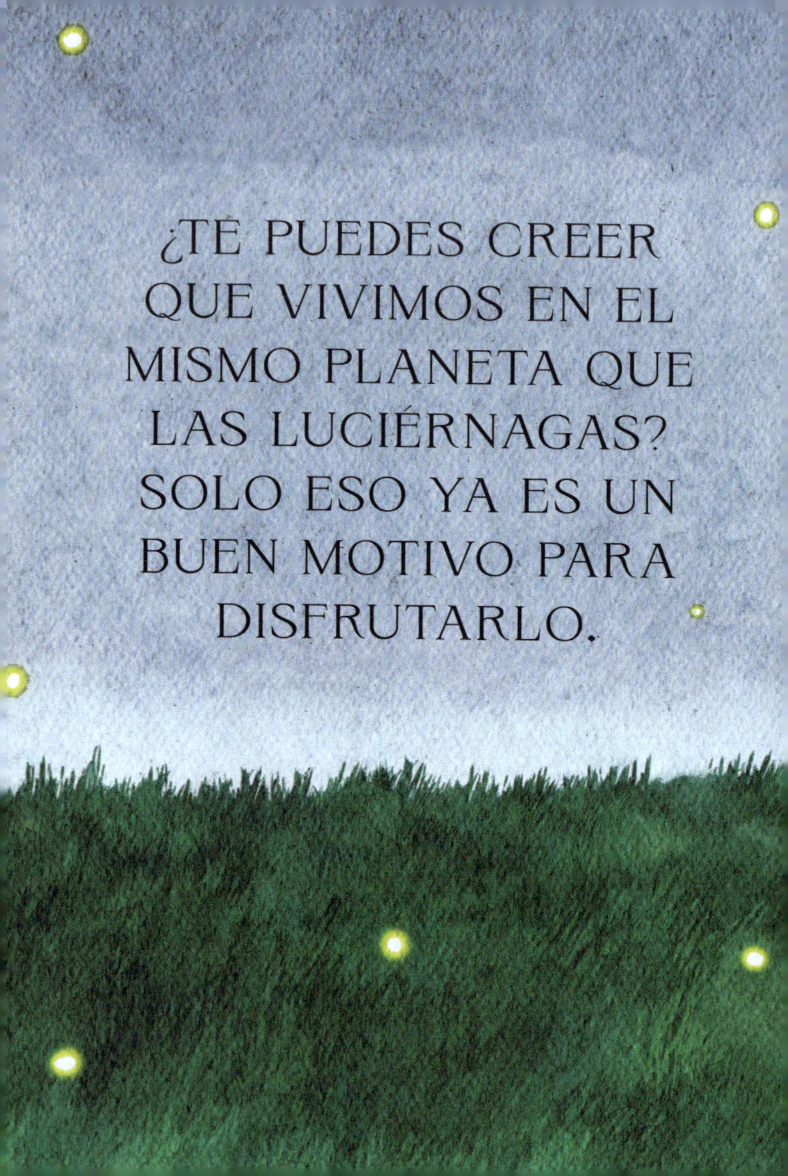

¿TE PUEDES CREER QUE VIVIMOS EN EL MISMO PLANETA QUE LAS LUCIÉRNAGAS? SOLO ESO YA ES UN BUEN MOTIVO PARA DISFRUTARLO.

Eres un buen perro.
... soy un gato.

¿ALGUNA VEZ TE HAS PARADO A PENSAR EN LO INCREÍBLE QUE ES TENER ANIMALES DE COMPAÑÍA? AUNQUE NO HABLAMOS EL MISMO IDIOMA, ENCONTRAMOS LA FORMA DE COMUNICARNOS Y, A VECES, ESTABLECEMOS CON ELLOS UNOS VÍNCULOS INCLUSO MÁS PROFUNDOS QUE CON OTROS SERES HUMANOS.

A MEDIDA QUE CRECEMOS Y NUESTRA COMPRENSIÓN DEL MUNDO VA TOMANDO FORMA, ES FÁCIL QUE PERDAMOS NUESTRA CAPACIDAD DE ASOMBRO. ¿POR QUÉ ALGUNAS HOJAS SON VERDES Y OTRAS MORADAS O ROJAS? ¿LOS CARACOLES NACEN DENTRO DE SU CONCHA? ¿POR QUÉ ALGUNAS FLORES FLORECEN DE NOCHE? SÍ, CON INTERNET PODEMOS ENCONTRAR RESPUESTAS A ESTAS PREGUNTAS EN UN SANTIAMÉN, PERO PLANTEARTE ANTES LAS COSAS TE AYUDARÁ A MANTENER TU CURIOSIDAD. INCLUSO PUEDE QUE TE DESPIERTE ALGÚN INTERÉS GENUINO POR ALGO EN LO QUE NUNCA HABÍAS PENSADO ANTES.

PROCURA ENCONTRAR ALGO QUE
TE ENCANTE DE CADA ESTACIÓN.

LAS FRAGANCIAS QUE NOS REGALA EL OTOÑO O CÓMO NOS ACURRUCAMOS Y MIRAMOS EN NUESTRO INTERIOR EN LOS MESES DE INVIERNO. CÓMO, CADA PRIMAVERA, PARECE QUE EL MUNDO SE DESPIERTE DE UN SUEÑO PROFUNDO; O CÓMO EL VERANO SIEMPRE BRILLA Y REBOSA VIDA.

EL SABER QUÉ APROVECHAR DE CADA ESTACIÓN, AUNQUE SEA UN PEQUEÑO DETALLE, TE BRINDA LA OPORTUNIDAD DE SENTIRTE BIEN EN CUALQUIER ÉPOCA DEL AÑO.

INTENTA SALIR
DE CASA CON LA ÚNICA
INTENCIÓN DE
ESTAR PRESENTE.
¿QUÉ OYES? ¿QUÉ VES?
¿A QUÉ HUELE EL AIRE?
¿QUÉ SIENTES?

¿CÓMO TE SIENTES?

DARTE
LA OPORTUNIDAD
DE ENCONTRAR
LA MAGIA EN
LOS PEQUEÑOS
DETALLES ES
UNA DE LAS FORMAS
MÁS AGRADABLES
DE INTERACTUAR
CON EL MUNDO.
SI BUSCAS ESA MAGIA,
LA ENCONTRARÁS.

QUÉ DEBES RECORDAR

CADA EMOCIÓN SIRVE PARA ALGO:
LA TRISTEZA, LA ANGUSTIA,
LA PENA, EL ASOMBRO,
LA SERENIDAD Y TODAS LAS DEMÁS.

AUNQUE ALGUNAS EMOCIONES SEAN
MENOS AGRADABLES QUE OTRAS,
ESO NO SIGNIFICA QUE SEAN NEGATIVAS.
EXISTIR IMPLICA EXPERIMENTAR
UN AMPLIO ESPECTRO DE EMOCIONES
A LO LARGO DE LA VIDA.
TODAS VIENEN Y SE VAN Y,
AUNQUE EN EL MOMENTO CUESTE
CREERLO, LAS MÁS DIFÍCILES
NO DURAN PARA SIEMPRE.

LOS CONTRATIEMPOS
NO DETENDRÁN
TU PROGRESO.

A PESAR DE LO QUE PAREZCA, NO EXISTE UNA FÓRMULA MÁGICA PARA SABER VIVIR. EN REALIDAD, CASI TODAS LAS PERSONAS QUE TE RODEAN TAMBIÉN LO VAN DESCUBRIENDO SOBRE LA MARCHA.

CADA UNO SIGUE SU
PROPIO RITMO Y NO
HAY REGLAS QUE
DETERMINEN DÓNDE
DEBERÍAS ESTAR
EN LA VIDA A UNA
DETERMINADA EDAD.

TUS PENSAMIENTOS
NO SIEMPRE REFLEJAN
LA REALIDAD.
LA ANSIEDAD,
LA DEPRESIÓN,
LAS INSEGURIDADES
Y OTROS FACTORES
PUEDEN INFLUIR EN ELLOS
DE MUCHAS MANERAS.
POR ESO,
ES FUNDAMENTAL
RECORDAR QUE
EL HECHO DE PENSAR
ALGO NO LO HACE CIERTO.

EL PROCESO DE SANACIÓN RARA VEZ ES LINEAL, Y NO PASA NADA SI LLORAS POR ALGO QUE CREÍAS HABER SUPERADO.

NO NECESITAS VOLVER
A SER COMO ANTES
PARA SATISFACER A
LAS PERSONAS QUE
NO SABEN APRECIAR
CUÁNTO HAS CRECIDO.

LA FAMILIA QUE ELIGES
ES LA QUE CUENTA
DE VERDAD.

ERES TÚ QUIEN DEBE
DARTE PERMISO
PARA CONVERTIRTE
EN LA PERSONA QUE
DESEAS SER.

EN EL MUNDO SUCEDEN
MUCHAS COSAS GRAVES
Y DIFÍCILES; ADEMÁS,
QUIZÁS TENGAS QUE
AFRONTAR TUS PROPIOS
RETOS, PERO ES
IMPORTANTE RECORDAR
QUE NO ESTÁS SOLA
Y QUE, DE VEZ EN
CUANDO, ES NORMAL
QUE NO ESTÉS BIEN.

INCLUSO EN TUS MOMENTOS MÁS DIFÍCILES, EXISTE UNA MAGIA INNEGABLE DENTRO DE TI.

AL FIN Y AL CABO,
SOLO SOMOS UN
PUÑADO DE RANITAS
CIRCULANDO POR
EL ESPACIO,
INTENTANDO SENTIRNOS
MENOS SOLAS
Y HACIENDO QUE
NUESTRO TIEMPO AQUÍ
SEA UN POCO
MÁS ESPECIAL.

SOBRE LA AUTORA

Maybell Eequay es una artista multidisciplinar afincada en Oakland. Nacida y criada en el pintoresco valle del río Saint Croix, Maybell se inspira principalmente en los recuerdos de su infancia, así como en su fascinación por los libros infantiles antiguos y por pequeños objetos corrientes. Hija de dos artistas, se crió en un hogar lleno de creatividad, y comenzó a desarrollar su arte desde muy pequeña, desde que pudo sostener un lápiz. Hoy en día, su obra se caracteriza por evocar una nostalgia sutil, que combina mensajes entrañables con un toque de ingenioso humor.

Puedes seguir su trabajo en Instagram:
@maybell.eequay

Gracias

REM*life*